EL TIEMPO QUE NOS DA LA LUZ

David Gómez Frías

COLECCIÓN ITES

EL TIEMPO QUE NOS DA LA LUZ

ISBN: 978-84-10053-83-0
Depósito legal: V-4235-2024
Impreso en España

KALOSINI, S. L.
Grupo editorial olé libros
equipo@olelibros.com
www.olelibros.com

Para Mónica, la mitad del alma

En el balcón, un instante
nos quedamos los dos solos.
Desde la dulce mañana
de aquel día éramos novios.

JUAN RAMÓN JIMÉNEZ

Ni en el llegar, ni en el hallazgo
tiene el amor su cima:
es en la resistencia a separarse
en donde se le siente,
desnudo, altísimo, temblando.

PEDRO SALINAS

Prólogo

Explicar qué es poesía nunca ha sido tarea fácil. Bécquer en su afán de expresar qué simbolizaba escribió:

> ¿Qué es poesía? ¿Y tú me lo preguntas?
> Poesía... eres tú.

Así de fácil le fue explicarlo al poeta sevillano, que identificaba la poesía con el sentimiento amoroso hacia la mujer. Y es que en estas líneas —escritas a un amigo— es imposible no hablar del Amor, el tema que vertebra toda la obra. El poemario que tienen entre sus manos se titula *El tiempo que nos da la luz* y pertenece al poeta cazorleño David Gómez Frías, quien precisamente conoce el amor, especialmente el correspondido. Unos de sus referentes, Federico García Lorca, manifestó la imposibilidad de definir la poesía amorosa con palabras no literarias: «Yo tengo el fuego en mis manos [...] pero no puedo hablar de él sin literatura». Quizá el género literario que más se aproxime a ese sinuoso intento de definir el amor sea el género lírico, género preferente para David, poeta por los cuatro costados a quien dedico estas cálidas líneas.

Quienes amamos la poesía sabemos que parte de su magia vive en la intensidad y en la brevedad que caracteriza al género. La poesía entendida como una creación artística literaria momentánea, breve y en ocasiones difusa. Ese instante que condensa una idea, el momento exacto donde nace una emoción o un sentimiento capaz de llegar a lo más profundo del alma humana. El poema como entidad viva que nace y muere en el instante. Ese breve vector temporal que describe o expresa el Yo poético y que lo diferencia de otros géneros como el teatro o la narrativa. Esos instantes son captados por Gómez Frías de forma natural, sea un beso, una caricia o una mirada a la amada. Cada momento cobra valor y tiene su expresión poética en esta obra.

El poeta jaenés labra con amor y método los versos escritos en la lengua de Cervantes. David lleva dedicada buena parte de su vida al oficio de poeta, doblegando la palabra, jugando con la semántica y la lingüística para conquistar la cadencia y el ritmo exacto en sus versos. Suma con este nuevo poemario el cuarto volumen de poesía a su producción, no exclusiva de la lírica, ya que también ha viajado por el género dramático y actualmente está trabajando en una nueva pieza teatral. Es un habitual del Festival Internacional de Teatro de Cazorla, donde asiste puntualmente y al que presta su pluma para hacer una crónica.

La estancia donde habita David Gómez Frías sería una estancia vacía y solitaria si no morara en ella el amor. Es imposible no pensar en su compañera de vida al leer estos versos. Sin duda alguna que muchos de estos poemas llevarán su alma, pero no siempre es así. La poesía, como otros géneros, bebe del espectro ficcional, se nutre de entes y espacios imaginarios donde al poeta le gusta abstraerse. Sin amor, la existencia del poeta carecería de sentido, su presencia es el eje gravitatorio donde el resto de temas orbitan. David nos habla desde la experiencia, la convivencia y la pasión hacia la amada.

Con evidente influjo de Pedro Salinas y del poeta chileno Pablo Neruda, David Gómez Frías compone este volumen con una técnica literaria meditada y trabajada rigurosamente, depurando cada palabra desde el sosiego, la calma y el estudio serio. El poeta logra componer un poemario capaz de empatizar con el lector maduro por técnica y estilo, y a la vez sabe acercarse al lector novel que quiera iniciarse en la temática del amor. Hablamos de una poesía de la experiencia, profundamente humana y con cierta cotidianidad, capaz de ser el espejo donde los hombres nos miramos y reconocemos.

Gómez Frías conoce muy bien la Lengua de Aleixandre o Góngora, es consciente de su dominio y sabe manejar todos los recursos poéticos, como hemos visto en su trayectoria. En *El tiempo que nos da la luz* vemos un lenguaje desnudo con el que busca la sencillez de la palabra mediante una técnica más pura —propia del poeta adulto—, y nos acerca a través de la metáfora a un espacio abstracto, el del amor; y a la vez, a un espacio concreto, el de la amada y su geografía femenina.

> Mi alma espera bajo los árboles
> acogerse a tu sombra,
> como el otoño se extiende
> sobre los barcos amarrados a puerto
> cuando acumula noviembre
> fragmentos diamantinos del rocío...

De estilo libre, emplea la palabra y el verso magistralmente. La búsqueda del espacio y el significado preciso con un respeto escrupuloso del ritmo y cadencia a lo largo del verso y la estrofa. El Yo lírico es consciente del uso que está haciendo de la palabra y le otorga el protagonismo necesario para dignificar al amor y a la mujer, esa protagonista destinataria de sus versos. El Tú lírico es humanizado terrenalmente y alejado del culto, la divinización o veneración del estilo de Laura en el *Cancionero* de Petrarca. Pretende humanizar lo cotidiano, poetizar lo usual y común del amor.

En torno a la unidad temática del amor orbita la belleza femenina: la mirada, la voz, las manos... Un conjunto de poemas señalados por el deseo, los besos, la pasión, y la geografía femenina. Recoge su parte más tierna, humana y sensible. Todo ello reflejo de la experiencia vivida y la cotidianidad de una vida compartida.

> ... porque resulta delicadamente conmovedor
> comprobar que en el pecho quebrado
> puede habitar la ternura.

Desamor, miedo, soledad o muerte son variantes del tema amoroso. La angustia y el pánico por la pérdida o ausencia de la amada son visibles en la poética del escritor cazorleño.

> ... no estando tú
> en los márgenes del espacio que ocupas,
> se me va el tiempo por los dedos
> y escucho ahuecada la cadencia
> de mi pecho rendirse en el miedo.

La dualidad Tú/Yo. El Tú, razón de su existencia; el Yo que sufre y padece, pero que también se alegra y agradece a la vida la presencia de la amada.

> ... y eras la mitad oscura que deja
> sin color azul mi lástima,
> la temida marca
> en la que tú y yo volvemos a ser dos
> que se dan la espalda por los pasillos
> más estrechos del océano.

La sensorialidad es otra máxima en la obra, juega con la sinestesia, los sentidos como el tacto presente en las caricias, los sonidos (el grito o el propio silencio). Los sabores o la vista (la mirada de los enamorados) se convierten en canales de expresión poética. La plasticidad que dibuja la geografía de la mujer, el cuerpo de la protagonista, la forma de su pecho, espalda, manos... Y una poesía marcada por el cromatismo que tiñe cada estrofa. La naturaleza como metáfora de los diferentes estadios o procesos amorosos cobra vida en la obra de Gómez Frías sea a través del viento, las nubes, el agua, la luz, flores, auroras, o de la propia noche por donde transitan en danza los enamorados. Un lenguaje pleno de reminiscencias románticas y modernistas con tendencia a la poesía de lo cotidiano de nuestro tiempo.

El tiempo que nos da la luz da nombre a este volumen de cincuenta poemas compuestos en los últimos cuatro años. Expresa esa oportunidad que nos brinda el tiempo para vivir, y la luz que nos permite contemplarnos y salvar la distancia entre los cuerpos enamorados. Una luz referente de vida y amor omnipresente en toda la obra.

Eros disparó sus flechas atravesando certeramente los corazones de Jane Austin, Neruda o Salinas. Ese espacio herido por el sentimiento irreprimible del amor es el que intenta ocupar David Gómez Frías con la esperanza de que al dios griego no se le acaben nunca sus flechas.

David Gómez Olivares
Profesor de Lengua y Literatura Españolas

No es que me hagas falta

No es que me hagas falta,
es que me faltas para ser yo al completo.
Y muero cuando no somos ambos
ocupando el tiempo.
Y permanezco en este sitio
adquirido para ser dos,
ahora que estar solo se hace eterno.

Sabes que en el encuentro
la piel se hace una al abrazarnos,
tuya es la mía, mía la tuya,
y se desgarra su costura
si no aprietas los brazos.
No siempre es preciso alejarse
para marcar la herida,
basta con tener el alma en otra parte.
Y morimos ambos si no entendemos
la dichosa condición de ocupar el espacio,
si no damos ambición a las manos,
si en la breve ausencia dejamos de pensarnos
como un logro permanente del tiempo.

Estar cerca y no amarnos es perder
la posibilidad del tacto, desprendernos del relieve.
Todos los miedos tienen su dulzura
y la luz del instante se enciende con un beso,
el mejor encuentro llega detrás de los labios.
Tenernos enfrente nos libra de la muerte,
a mí de tanto mirarte,
a ti de tanto entenderme.

DE LAS ALMAS CREADAS

De las almas creadas
yo me enamoré de la tuya.
No pudo ser otro el modo,
llegaste, por capricho del cielo,
con la belleza delgada y desnuda,
mas el fuego inquieto
fijó en mi pecho el cristal
que refleja tu dulzura.
A ti te contiene la vida,
mirarte es olvidar a cada instante
el mar, el agua, la espuma,
navegar, incesante, por las olas de tu cuerpo,
y rendirse tembloroso a la locura
de aceptar la entrega y salir ileso.
A las caricias celoso el viento se acerca,
gime, se retuerce, se lamenta
cuando paso mi mano con torpeza por tu pelo.
A diario clamo el perdón del cielo
porque miro en tus ojos
la longitud del universo
y apenas las noches inmensas
son, en tu mirada, un reflejo,
un vidrio tembloroso,
y yo, tan pequeño, estorbo a tu belleza
falto de virtud en el abrazo.

Yo me enamoré de tu alma,
tú doblegaste la mía,
y en el fulgor de los días
se enciende a llamaradas
el propósito de permanecer
en la cárcel de las miradas.
De las almas creadas
yo me enamoré de la tuya,
tú rendiste la mía.

Maravilla

Maravilla de un alma delgada en silencio,
cuerpo de terciopelo
por donde han rodado las caricias,
por donde la calma se hace primavera
abriendo las ventanas.
Eres mi amada vencida por el sueño,
la simple suma que pone en pie las mañanas,
y tienes la espalda transparente
de quemarte con los besos.
Por la cálida luz te alcanza la aurora
lavada en las cortinas,
pero esta belleza solo habita
el hondo abismo de mis pupilas.
Cómo no deberte el hilo invisible
donde descansa el mundo,
cómo no tenerte en la perfección horizontal
del tiempo que altera las auroras.
No sabrán las aceras que estamos escondidos,
hondos en la ligera voluntad de estar solos,
sin miedo al límite vertical de las paredes.
Separarse encarna el futuro encuentro,
tú gravitando ligera por las sábanas,
yo multiplicando el fondo de los espejos,
esperando en la cima la conjunción
de los abrazos y los labios.
En el despertar, con el arrullo del infinito,
tan celeste, mi mano atribuye a tu pelo
la ondulada gracia del viento.
Eres el escudo de mi alma,
la invariable prueba de que existo
y soy azul en la geografía de tu mirada.

LUZ DE TU CUERPO

Miro, reflejo del alma mía, la extraña claridad
que te define, tan cercana,
tan segura en la precisión del sueño,
y mido el peso que deja en la luz
el relieve de tu sombra,
y me acerco tembloroso al contorno que ocupas
donde has dejado hace un momento,
como un triunfo en el transitado alcance de los labios,
la sonrisa que te anuncia,
la belleza que te acompaña.
Busco en el vacío con la posibilidad
de retener tu perímetro, hacerlo mío,
poseerlo con el prefijo sereno de la eternidad diluida
en las coordenadas en movimiento de cada instante,
y te hablo vistiéndote con la longitud de las palabras,
diseñándote de nuevo con el timbre de mi garganta.
Decir tu nombre es hacerte un relieve nuevo
alejando el cuerpo del exceso de los besos,
romper esta cercanía que te muestra inalcanzable,
tendiendo en mi boca los dictados que rodean el alma
con el perfil del vocabulario claro que te llama.
Te miro, sin otra manera posible,
como se mira en el mar el cielo,
con el tránsito de nubes efímeras que,
en las miradas ligeras, tiemblan y gozan
presas en la realidad cambiante de tu espacio.

Y eres tú, soy yo, esta habitación que custodia
la herida de las olas en la roca,
y los niños no nacidos,
retenidos en la distancia de los cuerpos,

que vendrán a tu luz con la cicatriz de la ternura
como si nada más tuviera la semejanza del abrigo,
como si la nada tuviese el tamaño de tu vientre
donde la tierra concede raíces a esta sombra
tuya de larga primavera.

La envidia del viento en las ondas de tu pelo
arrebata la caricia intencionadamente abandonada,
sin recelo, en mis manos.
El balcón sin horizonte, tendido al otro lado de las cortinas,
libera la voz que te pronuncia,
las uñas rasgadas con el color del tercer día de la semana
rozan los reflejos temblorosos que dejan caer los imperios.

Tu garganta, en la penumbra del temblor,
quiebra mi geografía, tararea la longitud de mi alma
sobre este silencio mío que se rinde caprichoso
como un suspiro que duerme.

A esta temperatura lo entrego todo,
mirarte hace implacable la calma.

El jardín que se intuye enfurece la cama
cuando tenemos deshabitados los cuerpos,
fluye el lápiz en el otoño donde tantas veces has dibujado,
deshojándote como burla de mariposas,
un corazón desnudo, sangrante,
una flecha quebrada en el relámpago de nombres
que resisten la oscuridad y los años.

Te veo y eres la luz de cada instante
y esta realidad furiosa por la que solloza mi sangre
y una huella de hierro que roba los destellos del universo.
Y te vas en ese instante que sueña la longitud del tiempo,
y sé que no romperás la promesa del regreso.
Pero duele como una grieta en lo eterno
donde cae vencida la vida,
aurora de lo que no hemos conseguido
en la transparencia de la ropa,
primavera deshojada del vuelo,
estación que tropieza y reclama el tatuaje permanente
sobre la piel que reprime el tiempo
extendido de la ausencia.
Te vas y me deshabita ese espacio tuyo
envuelto en su condición de regalo,
como un infinito que ha de morir
en el oscuro imposible de la espera.
Duele.

AUSENCIA

Descifrar tu ausencia
es analizar la vida en su extensión de silencio,
saber que ya no estás y queda tu mundo,
ironizar, a escondidas, con tu regreso.
El miedo y lo dejado significan nunca más,
vacío en la palabra, en la caricia,
en el cuerpo que comienza su recorrido
por las superficies del frío,
sin los dedos que te esperan.
Tu ausencia significa que estoy muriendo
y nada en el reflejo del reloj
certifica la resurrección de los muertos,
aunque mi fe se fortalece con el brillo de una sonrisa
en el espacio pretérito de dos palabras:
«enseguida vuelvo». Y te creo a ciegas.
Pero estás tardando tanto
que tu ausencia significa nunca más,
aunque en un instante suenen las llaves
al otro lado de la puerta, anunciándote,
y entres protegida por el aura del reino que habitas,
acompañada por la virtud que anuncia otro principio.

Tu voz

No igualan en su peso los pétalos a mi alma
y me deshojo sin materia en el tiempo arrebatado
que me viene secreto a la línea de la nuca,
por donde alcanzan la esquina
del viento los mutilados rosales,
los profundos dedos que tiemblan
en la temperatura de los acantilados.
Tiene mi frente forma de pájaro sencillo,
pero contiene el ansia del vacilante vuelo,
el alto abismo del náufrago de rodillas bajo el cielo.
Y el suelo por donde llegas, el pronunciado viento
que te acerca a la orilla quebrada de mi techo,
acerca tu perfume sin escala, tu aroma súbito de luces
herido a hierro por el timbre de la garganta.
Tu voz entonces, tu risa abierta, tu sombra larga
cruzará el espacio opaco de mi lengua,
en concierto, y saldrá tu nombre de mi boca.
La ceniza oscura será vencida
en el radiante latido del silencio.
En ese preciso instante se hace impuro el miedo,
adquiere tu voz el volumen de mi nombre
y un espacio pretérito renace cuando anuncias,
deshecha en el margen que muerde los espejos,
«he vuelto».

APARECES

Apareces y asume la luz
el sonido temporal del mundo,
y brillan melodías que hace un instante
nadie había pisado,
partículas de estrellas en la explanada de los cristales
extendidas en el viaje inesperado de los labios
cuando susurran «¡aquí estoy!».
Llega contigo la belleza de la voz
que anuncia tu encendido retorno
con esa extraña virtud de alejar
la oscuridad de este encuentro,
con esa delgada temperatura,
cima de las bocas donde se desnuda el viento,
donde crecen, a la par, el equilibrio y la dulzura.
Se diría que traes la vida,
que me regalas el tiempo con el plumaje de la noche,
que eres el mar nocturno
adivinado en la dificultad de los cuadros
donde se quiebra el clamor clandestino del satélite lunar.
Apareces florecida en estos ojos
que han salido a la luz
para temblar sobre la claridad
que empuja hacia rincones oscuros
la limitada paciencia del alma,
el término consentido del llanto.
Porque has vuelto como antídoto en la locura
a esta pesadumbre original de tu ausencia.
«Será un momento», dijiste.
Qué largo el frío de tu boca.

Pero en ese espacio tan vacío
han huido las manos y los besos,
la feliz estrategia de la sangre
donde se hace hermosa la cicatriz de las espinas,
la extensión inquieta de cualquier mirada
que descifra en ti su objetivo,
su transparente y abandonado fondo de encuentros.
No es mi temor en la espera la herida mostrada,
sino el tiempo de la tardanza,
ni tiene mayor superficie la sonrisa
separada de las palabras,
ni es más cálido el fuego que el perímetro de tu pecho,
ni pide más a la vida tu silencio que esta posesión del miedo,
es la luz que te llevas cuando dejas atrás las ventanas,
es el luto claro del silencio
donde respira el susurro indeleble de tu nombre.

El baile

Sobre el horizonte, ardiendo,
espejismo de cristales viejos,
a su tempestad pasajera,
bajo sombras oscurecidas de las aves,
pone fin la tarde en un delirio de formas.
Los álamos de enfrente agitan su oscurecido traje
dando aliento al susurro nocturno de las ventanas.
Aún las nubes seguirán cubriendo el cielo
y no vendrán, a la penumbra del jardín,
las tempranas estrellas.
Se diría que el reloj nos roba esta noche el universo,
que no guarda tu pijama de raso
el luminoso rayo de la luna,
que no dará más tiempo
la extendida luz de los días
a este enjambre naciente de besos,
ni más temblor a los labios
la liberada música del piano.
Pero bailaremos, amor,
en el borde recóndito de los balcones,
seremos un claro paréntesis de brillo
nacido en la frente de las macetas,
tiritando en los vestidos como una leve realidad
que palpita en los rincones vencidos de los patios.
Los ojos, los círculos, los abrazos
habrán perdido el castigo de la espera
alimentando las ondas gravitacionales
que dejan nuestra memoria a los herederos.
Bailaremos en la tenue claridad de las velas
temblando como sombras que dudan de su origen,
sin el mar, sin paredes, sin veleros enmarcados,

solo con la carne de los pijamas y los atardeceres,
sin otoño suavemente desnudo por donde gravita,
aún más clara, la venidera aurora.
Bailaremos acosados por el tiempo
que nos reclama en pertenencia,
en las esquinas de los pañuelos
que tienen bordado el mundo.
La noche rasgará la luz de los reflejos
y dará relieve a los detalles del perfil de tu cuerpo,
protegido del frío en la llanura cálida de mi pecho.
La dicha no tendrá lágrimas
y en la fatiga de los cuerpos
un traje de plumas nocturno
cubrirá la efímera maravilla del vuelo.

La noche de al lado

La noche de al lado
se acerca rozando su envidia con los tejados,
se agita inquieta, celosa,
bajo el volumen de la dulzura extrema de tu garganta.
La noche de al lado
brama, gime, golpea los balcones
por donde la luna blanca
rompe con sus dedos la oscuridad que te delata.
La noche de al lado
grita contra el perfil iluminado de tu pecho,
por donde llega a los espejos
la breve intensidad del fuego.
La noche de al lado
tiene prisioneros los brazos, caído su aliento
por el peso aéreo que unirá nuestros cuerpos.
La noche de al lado quiere llevarse el tiempo
que nos da la luz para encontrarnos.
En la permanente habitación
que custodia nuestra entrega,
la leve claridad de las estrellas alimenta los relieves
que tiritan bajo el temblor de los astros alejados
en los versos tristes de Neruda.
Una sábana y su pared protegen
la superficie adelantada de los labios.
Un cristal y su ventana limitan
el viento aligerado de las palabras, callan el susurro,
gimen para liberar nuestros nombres de los armarios
y, en el descanso lateral de las manos,
encuentran, en su espacio cálido, los abrazos,
las palabras que tiemblan
en la diaria aproximación del silencio.

La noche de al lado llega trémula, solloza, se irrita,
busca lágrimas pequeñas para herir la suavidad del vestido
donde zozobra mi locura, tu engaño,
araña la cotidiana razón de los amantes
en la frontera nocturna del techo estrellado.
Pero hay palomas,
un ejército de ángeles nos protege en los espejos.
En la longitud de las ventanas reposa el viento
para darnos intacta la temperatura de las auroras.

QUERER, ESTAR, SONREÍR

Querer, estar, sonreír,
saber que no soy alto
cuando llego a tus labios,
y mirar y ser un deseo,
tener continuidad en el llanto
en el dolor y en el vuelo,
conformar la espera
con el horizonte del beso,
abrazar y ser, subir, sentir
bajo el cielo el sosiego de las palabras
y saber decir, sin duelo,
que una voz en silencio
tiene intenso el grito,
vulnerable el fuego.
Tomar, admirar, vivir
en la cavidad del pecho
donde nuestros nombres
no dejan de latir,
fluir sin lastimar el suelo.
Buscar el litoral que somos
y vencer el afán de convertir
el amanecer inmenso en la brisa de tu pelo
y ser lienzo indefenso para el mundo
y tener en el espacio de la boca
el soberano encanto de las palabras,
tener domados los párpados,
ardiendo las miradas.
Mirar que somos nido y sonreír.
Amar, estar, creer.

Retrato en el espejo

Mi pelo, mi frente, mi sombra fría en los azulejos,
mis ojos sombreados bajo las cejas,
mi nariz y las extensiones laterales donde reposan,
correctoras, mis lentes,
mis labios y el interior de mi boca,
hogar abierto de mi voz, mi voz,
mi cuello y mi pecho unidos en la cruz de los hombros,
el vientre del que nunca nacerán otros vientres
sino el miedo que contiene la ignorancia,
la apariencia de perderte,
mi cicatriz materna, tantas veces en el olvido,
reteniendo el centro que nos une a la vida,
mis piernas, mi sexo sobre las piernas,
protector de la semilla que se entrega,
mis pies acercándome a los espacios
que esperan, aún deshabitados,
la longitud de las veredas
que te saben lenta mensajera
extendida en los jardines.
Y sin embargo, tus ojos miran la distinción
de la dulzura y el llanto,
y esperan la mirada que se cruza
hasta tocarte los párpados,
la timidez de las palabras que surgen
por la garganta herida de temblor,
la mano que coge o espera ser apretada,
los brazos que retienen
a quien cae zarandeado por el viento,
la longitud de una vida, su luz,
los pasos que conducen a tu espacio
y la caricia que transita de mi piel a tu pelo.

Pero la distancia que nace entre mi yo
y tu deseo, lejos del igual que tengo enfrente,
habita en las dimensiones de tu pecho,
nunca en este delgado yo del espejo.

EL AZUL SE DESPRENDE

Sobre la ropa tendida en el balcón
que anoche frenaba el ímpetu lunar
de arrebatar a las farolas
la tenue luz que alcanza tu cuerpo,
el azul se desprende
y entra en los claros de la camisa
donde te volverá el pecho
con el latido temporal de las estaciones.
Sobre la noche que guarda
el secreto alargado de los bailes,
el azul se desprende,
celoso de mí, con hambre de ti,
enemigo de los escondites estrellados
donde tiemblan al enfrentarse,
precipitando el rojo de la sangre
con su textura flexible,
los labios.
Sobre la luz que derrota
las sombras interiores de la alcoba,
el azul se desprende, huye del triunfo,
gime, se asoma al abismo de estar enfrente,
pero en la ignorancia de su vuelo
ahuyenta el volumen de las sábanas
donde mueren en combate
tantos deseos, las auroras, las ventanas.
Sobre la espera lenta que reprime
la claridad de los cristales
en la esfera del tiempo que no te pertenece,
el azul se desprende,
ambicioso, enloquecido, hiriente,
detenido en la traidora realidad de los espejos,
y trae esta luz a este tiempo adolescente
por donde pasan, con su margen trimestral, las estaciones.

Las cartas cerradas

Hay un significado prematuro
en las cartas que no se abren,
cartas que esconden los nombres
alargados de la infancia,
que no retienen la geografía
enfrentada de los diálogos,
ni han de conocer la delicada intención
de medir el silencio
bajo la leve transparencia de la memoria.
Hay una espera,
quebrados los ojos en su apariencia de llanto,
que concede la longitud vital del corazón
a las palabras que habitan, desconocidas,
en cárcel de sobres blancos.
Palabras como labios que tiemblan enfrentados
a la línea horizontal
que los une antes del vuelo necesario,
palabras mirando esta garganta de acantilados
por donde llega el aliento que confunde
la capacidad de lo besado
con la estrecha superficie del beso.
Y surgirá delgada tu voz,
tanto tiempo en silencio,
inesperado el horizonte vertical
de la piel que habilita
la temperatura de los dedos inquietos,
por los que pierden su batalla la súplica y tu vestido,
y serás un susurro en la longitud del silencio.
Mi garganta desespera con el vocabulario
que te anuncia permanente,
pero llegas tocada por el inicio de lo efímero

en el significado de las palabras,
en el aire que une lo posible y la exigencia
sobre la sombra indiferente de todo lo desnudo.
Y se abrirán las cartas que contienen el dictado
de cuerpos enfrentados al recipiente
donde caben todas las batallas,
y los campos lineales que retienen tu perfume
llegarán quebrados por el llanto.
En la llanura de la distancia, donde el azul celeste
cede su volumen a todas las palabras,
una herida en el papel asume el silencio y las lágrimas.
Oscura es la tinta, negro el horizonte
donde se quiebra, tan lejana, la calma.
Oh, tristeza, morir es un otoño
que nace del rumor sostenido de las cartas.

PERFECCIÓN

Paralela al viento, ligera y ondulada,
la libertad de tu vestido dará volumen
a la entretenida virtud de la belleza.
Los sonidos naturales callarán
para escuchar, aterciopelado,
el timbre cálido de tu garganta,
rendidos a la perfección de la boca
que dice «aquí te espero».
Se frenarán los riachuelos,
aplacarán la inquietud alborotada del descenso
definiendo la velocidad atrapada en los espejos.
Callarán su galope de hierro los caballos
y guardarán en cristal
su trinado encaje los pájaros.
En la calma, el agua llevará tu rostro al mar
evitando la superficie quebrada
que difumina el rubor de las pupilas.
La celosa tarde entregará el cuchillo
que hiere con deseo los besos,
asumiendo el tributo claro de la risa
como una luz que extiende
el ritmo temporal de la primavera.
El espacio mudará el aire,
cambiará el eje vertical
que compite con el acantilado de tu pelo
y te mostrarán ligera, casi transparente,
efímera en los ojos
que diseñan el margen de las esquinas
y dibujan los árboles ancianos
que se inclinan en las laderas.

Intuyes que estoy mirando tu milagro,
lo adoro, lo imploro,
y me extiendes los ojos por las calles,
los ríos, los bosques, las paredes amarillas
donde comparto límites contagiados
de la insoportable sencillez de mirarte,
y me regalas el viento, compañero de locura,
por donde llega a mi olfato
el complemento ligero de tu aroma.

LATIDOS CERCANOS

Los rostros que dejamos en las ventanas
descifran el código trémulo de la tormenta.
Tu mano sobre el pecho busca la calma,
devora con lentitud los latidos cercanos
que imitan en el reflejo de los cristales
la longitud del trueno
y la temerosa realidad de los relámpagos.
A pesar de los temblores, hondo será el intento,
ligero el espacio temporal
que alarga la espera de los diálogos.
Pero, cuando la lluvia nos encienda los dedos
de columnas paralelas
al recorrido de la piel sobre los huesos,
ya estaremos hablando.
En la furia externa quedará vencido el miedo,
daremos libertad de ave a las palabras
apresando la distancia homogénea
que nos duplica en los cristales.
Cuando dicten los números
la velocidad del tiempo en las aceras,
la tardanza de los pasos que configuran
el instante con su tiempo
clamará para romper el silencio amurallado.
Apenas un beso, a contratiempo,
romperá la red de los vestidos
y este viento celoso
resecará la memoria húmeda en los labios,
manteniendo el pensamiento partidario
de ser la mitad traducida de gestos y miradas,
de manos y espaldas donde queda vencido el aliento,
donde se predicen, sin temor al escalofrío,

los argumentos contradictorios
que llegarán con la mañana.
En el inicio lejano quedó aislada la desconfianza,
la súplica de los cuerpos por donde se espera
el recorrido del agua, todavía sin otoño,
en aparente calma.
Fuera llueve,
el reloj trae quebrada el alba
cuando huye la noche
multiplicada en la lluvia de los cristales.
Bajo tu mano trémula
se adormecen los latidos contenidos del pecho,
estamos cerca y aún respiramos.
Dictan su lenguaje los abrazos.
Aún nos cede la luz su tiempo.

Páginas en blanco

Te escribo, amor, incesante y arriesgado,
por el vacío creciente, por la herida de los labios
que profanan los extremos equivocados del silencio,
por el espacio que entre mis huesos
habitan la sombra que te acompaña y tu vestido.
Escribo por el miedo que deja la luz
en la longitud pendiente de la noche,
por el tiempo sin retorno que te lleva
a los balcones abiertos
donde llega, para rozarte, el viento.
Tenerte así difumina el peso del alma,
pero la oscuridad que me dedicas
clausura los intentos del vuelo.
Si te acercaras a la luz,
si mis ojos pudieran contenerte,
si pudiera liberar lo que guardo cerca del pecho,
tu juventud con la belleza preferente,
entregaría lo perdido
en la clamorosa distancia de la ausencia
al lenguaje radical de las palabras.
El blanco sobre las páginas
espera con ansiedad la oscura tinta,
las mañanas acumulan en lo inútil el olvido
y equivocan el perímetro perfecto de tu significado.
Por eso escribo y te describo
desechando las oraciones imperfectas,
para tenerte en la sangre oscura de la tinta,
para saberte en el rumor de los latidos
que apagan su gemido en el interior de las botellas,
para abrirte las cicatrices que provocas y retomarte,
y leerte amarrada a los párpados con lágrimas
que sofocan el instante de ausencia.

Escribo para saber que has estado y permaneces,
y eres este vacío en el que espero,
este lado de mí donde queda vencida la locura
en el segundo instante por el que pasan,
desnudos, tu amanecer y mi letargo.
Escribo para besar, para evitar
que caigan de mi frente los retratos,
para darnos el tiempo que me falta en tu espacio
y repetir la eternidad cuando te nombren,
con lentitud, los días del calendario.

Las veredas del agua

Por tu boca, por tu cuello,
tallo de flor radiante,
por tu cuerpo, ¡ay, tu cuerpo!,
multiplicado en los espejos,
por las ondas de la entrega,
con un recorrido delicado,
te pareces al agua.
Por tu ropa, el perfume, la primavera,
por la superficie de tu sombra
te cubre el agua.
En el beso, ¡ay, en el beso!
donde perdemos el equilibrio,
donde se amontona la timidez destruida
en el llanto y la palabra,
en la proximidad de las manos que te alcanzan
en tu lecho de ternura,
te conviertes en agua.
Y yo no tengo labios, miedo y quietud,
boca, cuerpo, ¡ay, mi cuerpo!,
ni la textura donde se retiene
la posibilidad de beber
tu geografía tendida bajo el cielo.
El viento que te ondula
viste de temblor la luz estival
por la que mis manos enloquecen
en la distancia milimétrica de la caricia.
De una cálida garganta rezuman,
diseñadas para el oído, las palabras.
Pero yo no soy viento,
ni luz de verano vencido en tu primavera,
ni orador dichoso con nido en la boca de las letras.

Dime entonces, amor, cómo recorrerte,
cómo pronunciarte extendida y entera,
sin mi adolescencia,
por las veredas húmedas que dibujan,
celosa naturaleza,
tu cuerpo. ¡Ay, tu cuerpo!

PARECIDO AL VIENTO

No por el susurro que anuncia este regreso,
ni por la memoria que me retiene en la piel
cuando paso por tu cuerpo.
No por la caricia que imita la proximidad del aire
en la extensión de la ropa tendida,
ni por las palabras que anuncian mi nombre
con la presente eternidad del preso.
Te miro porque tengo en los ojos
la longitud del viento,
porque soy, imitando una esquina de su esencia,
tranquilo, circular, enojado, juguetón,
empeñado en enredar tu cabello con mi mano,
huyendo de la virtud efímera y transparente.
Te miro para quebrar el cristal de tu retrato.
Te miro porque una sonrisa tuya bajo tantas estrellas
ofrece con su distancia el universo,
y, tímida en el lenguaje de la conquista,
tiembla como una armadura
que se desprende del pecho.
Te miro porque invades con tu luz
la variable costumbre de los días y las noches
y sangro como una gota de vino
que te espera en los labios.
Porque soy el beso de la copa
que vuela de la transparencia a tu boca,
me alejo, y retorno al encuentro temporal
donde el templo de los cristales
quiebra las fronteras, deshabita las distancias
y deambula distraído por el volumen de tu espalda,
como una brisa leve que levanta el vello sensible
hacia el relieve agrietado de las manos.

Será que soy, cuando te acercas
para mirarte tan despacio,
el viento que hace temblar las auroras.

Tu espalda

Hiriendo la virtud de la primavera,
desalojando de infancias las aceras, las calles,
los balcones con macetas protegidas del rocío,
despojando de tráfico las plazas y semáforos,
marzo media su cuerpo en el calendario.
La ciudad es un desierto
parecido al de las montañas
donde crece en las aceras y en las piedras
la transparente soledad de las almas.
El viento acepta el volumen de los gritos
que ponen luz en el acento de las gargantas.
Apenas un instante de vuelo
y la claridad de las cortinas
debilita los escudos del alma.
Y tú miras por la ventana
cómo nos llora el cielo,
cómo se dibuja transitable
en los rostros ajenos el silencio
por el que navegan hasta rozarse
la primavera y el invierno,
cómo danzan en los jardines
los sueños que abandonan el espacio transitado
donde ha quedado, en lo ligero,
la tranquilidad de las sábanas y el fuego.
Por los cristales de tus ojos
se desplazan las mañanas,
vuelan los reflejos externos
con el nombre imaginado de las cosas
y todo lo que existe pasa por tu mirada.
Mis ojos, ya presos, descienden por tu cuello
para morir abrasados en tu espalda.

Una esquina en el salón, un libro entreabierto,
una lámpara que mitiga la oscuridad de la estancia,
limitan la palabra desmedida que huye del susurro
y, en los perímetros nocturnos del deseo,
aguardan, confundidas por la luz,
manos, caricias y batallas.
Pero en esta mañana de lluvia inesperada
tú seguirás atravesando la ventana
y yo, libro entreabierto,
detenido en la llanura de tu espalda.

QUE NO SE PAREN TUS MANOS

Que no se paren tus manos,
la rendición no tiene precio,
que calmen decididas
el enloquecido despertar de tu pelo.
Que tu camisa se abra de frente
y el viento pase humillado por tu pecho.
Que finjan los relieves
en la dormida superficie de la piel
una huida clara de la forma
que arruina la noche y la sombra.
Porque la luz llega rebosando las estaciones
con el temblor transparente del movimiento,
cuando la única verdad en la geografía de los balcones
reclama el adorno fugaz de los vestidos.
Que no se paren tus manos,
que despierten con ternura el universo,
que alcancen, entregando caricias,
los vasos, la mesa, los platos,
los espacios compartidos
donde quedará un margen de nuestro tiempo
para mirarnos engalanados en los retratos.
Los botones de la camisa son un reto declarado
por el que imitan los dedos
su escondida condición de espadas
venciendo al enemigo en sus murallas.
Que no se paren tus manos,
que su perfume debilite con timidez las esquinas,
que resistan el perímetro
de las cosas por donde han pasado,
y quedan, apresados en su templanza,
los ojos que traducen
el vocabulario inalcanzable del tiempo.

48

Que no se paren tus manos,
que lleguen por los laterales de mi frente
a la renovada ambición de estar contigo,
que calmen la zozobra hiriente
de saberte deseo infinito,
ansiedad desconocida de los imperios.
Que descubran en mi boca
la enfermedad contagiosa las palabras,
por la que vas pasando, siempre primavera,
como un repetido nacimiento de estrellas.

Intento de luna

Tu corazón, limpio como un reflejo de luna
que concede sombras a los relieves del jardín,
transparente más allá del espacio biológico de tu pecho,
estandarte de cuanto tu boca pronuncia y reconstruye,
huye de la alternativa que reproduce los latidos lentos,
destellos de la memoria contable y frágil
que te eleva como un susurro de esperanzas.
Pero te retiene inesperada y prófuga, estación nocturna,
en los versos de la leyenda que dice «estamos juntos».

La victoria de los días que están pasando
teje en tus manos la edad nombrada de los sueños.
La entrega intencionada llama heridas
a los relámpagos cobardes de la tormenta
y en el territorio nocturno se define, por amor,
el horizonte que reúne, en el espacio de la misma tierra,
la locura de las semillas con el fuego de la entrega.

Tu corazón como un reflejo nocturno,
como un intento de luna esparcido en las cortinas,
como lágrimas de la aurora
que una vez definieron la perfección prometida,
palpita, te concede, se mueve, gira con su baile
en la levedad futura de todos los relojes
por donde han de pasar,
con el vestido cambiante de los trimestres,
la delicada relación del tacto y las miradas.

A veces no queda más claridad que la nocturna,
y se hace riguroso el afán de mirarte, sin espejos,
en la brevedad del tiempo que nos da la luz
y en ese instante late tu pecho
y se hace entre la ambición clara de la vida.

REFLEJOS

Somos y quedaremos en el espejo
como un reflejo efímero, una porción de memoria
en la que pondrán los rostros y los nombres
que nos han seguido.
Grabaremos en la inquietud del agua,
acariciando la transparencia que ondula su destello,
lo cálido, lo profundo, la similitud del universo
en las razones de la voz temblorosa que dice «te amo».
Y seremos la longitud del arrollo
que refresca el acantilado de los cuerpos,
porque una vez fuimos
la inestable inocencia de las estaciones,
pero en el tiempo que nos permite la luz
hallaremos la eternidad que busca
el escondite natural del viento.
Leve será la extensión de la tristeza
que llegue con los días torcidos del invierno
y, lejos de los cristales,
la densidad variable de las palabras
hundirá nuestra esencia en la piedra alejada de los océanos.
El olvido no fingirá la longitud de su respuesta,
ni tendrá más espesura una herida clara que el aliento,
no será confundida tu risa
con el centro distante del murmullo,
ni caerá de su silla el vestido incompleto de tu cuerpo,
porque hay perímetros que nos protegen el pecho
de las intencionadas fugas
que figuran en la distancia del tiempo.
Somos la realidad que refleja el mundo
y una porción de los días en espera
no rendirá nuestra riqueza, nuestro imperio,
al vacío contagioso de la tristeza.

Luz sobre tu cuerpo

La luz de la tarde gira, brama, se retuerce,
conquista las esquinas
donde el vestido
traiciona la intimidad de tu cuerpo.
La luz y el viento y el mar en las cortinas,
sombras que imitan la condición nocturna
destronando el relieve vencido de los días,
y mis ojos, ¡ay!, mis ojos,
alocados en la mirada
que invade el azul desprendido
de tu pecho.
La luz de esta tarde
se fuga de los cristales,
diseña en tu gracia el universo.
El codo, un hombro,
tus dedos, el pelo,
una pupila en sombra
y otra sobre el fuego,
tu cadera lenta, sin baile,
la espalda donde aterrizan la mano,
su caricia y el vértigo,
llanura marina y calma
donde se extiende la estela celosa de la luna,
caleidoscopio encendido
bajo la extensión de los cielos.
El tiempo que nos da la luz,
en tu volumen y en mi silencio,
suplica la eternidad de cada instante
en la superficie quebrada de los mares
por donde han de llegar de la mano
el atardecer, las auroras, el horizonte.

Si me acaricias

La brisa que da cuerpo al vello de la piel,
el suavizante que perfuma la ropa tendida
o el agua fresca que enloquece en tu cuello,
si me acaricias, todo lo tengo.
La infancia que contiene
el resto de los juegos,
el peine lento que te alisa el pelo,
la derrota del temblor
en la llama del fuego,
si me acaricias, todo lo puedo.
Porque dictan tus manos
la esencia del universo
y quedan en su extensión
las tormentas, el llanto,
una queja superficial y lejana,
la delicada intención de los labios
y la oración vertical del silencio.
Si me acaricias,
si me concedes el amparo
propuesto en el perdón,
todo lo comparto.
La sangre de los rosales
en el filo de las tijeras,
el otoño que desnuda
todas las estaciones,
el hambre y un amor,
el fuego y la paciencia,
la luna que en su hazaña cambiante
inicia la estrategia de los besos,
las palabras asociadas
al enjambre que dice «te quiero».

La hierba, aún en pie, mecida por el viento,
un libro que narra
la memoria de un instante pretérito
y el tiempo agazapado entre los huesos.
Si me acaricias,
si alcanzas con tus dedos el espacio,
donde cabe, compartido con mi pecho,
el tamaño del universo,
el fino aroma en la piel de las alcobas,
todo lo acepto.
Y tiemblo de frío, se me hace rugoso el miedo
cuando alejas de mí las manos, me quiebro.
Si te llevas la esencia, tu condición de estar,
todo lo pierdo.

Díptico de la distancia

I

Ni en los mapas que guardan
el deseo en su escala,
ni en la velocidad de la luz
que ilumina el alma mirando tu cara,
ni en el color de tu rostro,
tan frío esta mañana,
ni en el amplio vestido
que niega la forma de tu cuerpo
a estos ojos que inician la mirada,
ni en los balcones abiertos donde tejen
el viento y las cortinas su danza,
ni en la voz quebrada de las aves
que traen temblorosa cada madrugada,
ni en el espacio entre el sillón y la almohada
se mide la distancia que hoy nos separa.
Ni en el vaso que hace un instante ha sido besado
en la recepción del agua,
ni en las manos que quieren abrazarse
en contra de las voces atormentadas.
La distancia se quiebra en el espacio
que separa las palabras.

II

La distancia que hiere
tiene forma de aguja clara,
penetra, alcanza la estructura interna del pecho,
sacude los espacios permanentes del aroma,
hiere, se alimenta del ruido
cesado en las gargantas,
esconde palabras, prohíbe en tu boca
el vocabulario inocente de la risa,
tensa la piel hambrienta de caricias deshojadas.
Pero estás tan cerca que una palabra
basta para profanar el silencio,
una mano basta para erizar
el vello en la piel que se alcanza,
una mirada basta para esconder el universo
en el espacio limitado de una lágrima,
y un «lo siento» que huya de mi boca
basta para vencer la dolorosa distancia
que dicta tu espalda.
Por eso asumo la longitud que nos separa
y cedo a la solicitud del tiempo que resta
en esta luz de la tarde asomada a las ventanas.
Vencer el miedo es deshojar los retratos,
afilar la música, retener el color en las paredes
donde se diseña el trayecto
de sombras que me empujan a tu lado.
Y llegaré haciendo diminuto y transparente
el círculo cerrado de tu espacio.

TORMENTA

Una palabra entonces, una sonrisa bastan.

PABLO NERUDA

De repente estar cerca ya no eriza el vello,
las alas quebradas revolotean
en el parcial desorden de los nervios.
El tiempo es una espada
que atraviesa el pecho,
lo hiere de silencio.
La esquina de la mesa se hace larga,
como una ausencia sin consuelo,
la distancia difumina continentes
en las orillas del mantel,
la callada lámpara incita
los temores escondidos en la niebla,
el miedo asume la densidad del silencio
como un relato oscuro,
el vientre tiembla
bajo la superficie de la camisa donde reposan,
encadenados en el pecho, los brazos,
los abrazos, la risa del alma
y las ondas de tu pelo.
Este tiempo inútil es,
sin velocidad, el llanto,
el soberbio manto
que cubre ambiciones y desorden
y deshace la dulzura
en el origen de ser dos en la cumbre.

Este tiempo inútil no llega de la luz,
viene del enjambre de la tormenta
nacida en la realidad de las rabietas,
de oraciones que pierden su densidad
en los espacios inesperados del olvido,
donde han roto su perímetro
los aniversarios, las fechas.
Este tiempo inútil es esta tormenta nuestra,
cuajada de palabras ciegas,
y rogamos a Neruda, ahogo insoportable,
para despejar los cielos:
una palabra entonces, una sonrisa bastan.

TÚ ME DIRÁS

Los almendros elevan su alfombra
blanca desde el invierno,
la primavera contiene el llanto
en el extremo recogido de su brazo.
Dices que los meses no distinguen las estaciones,
que no hay fuego, que no sabes si queda luz
en los cuerpos que traman inmovilizar el espacio.
Dices que la apariencia se vence
reteniendo con perfume
el espectro del viento en el pelo.
Dichosa tú, sembrada de auroras,
el rocío aún responde a la belleza de tu lágrima
y lanza cautamente los vencidos cabellos
contra el falso reflejo de los juncos.
Tú eres la danza, yo he querido romper tu engaño,
y me acerco con los brazos disfrazados de puerto
para extender tu presencia,
para poner de frente el rojo permanente del corazón
y la corteza móvil de los labios.
Porque hay estaciones también en los abrazos
y se hace necesario ser dos para encontrarnos
y mutar en la quebrada trayectoria del agua.
La luna viene asimilando
que duermen igual los pájaros en otoño y en verano
y, abiertas las alas, los dos tenemos idéntico el vuelo.
Tú me dirás que no hay dulce contagio,
no hay sueño largo porque el tiempo
es súbitamente liviano sobre la luz,
la luz un engaño inaccesible
que prolonga la huella de los besos
y los besos un fruto voluntario
desprendido de los labios.

Pero estás aquí, como un resplandor único
que trae la transparencia de las mejillas
al delicado espejo de los rostros.
Y me dirás «espera» sobre el acantilado del nido
y el margen de mi amor
tendrá la paciencia de las plumas,
redonda música que recompone en las nubes
un surtido claro de aves, peces y astros.

La memoria de la primavera

Para no escuchar la desnudez de la tormenta
cuando una palabra
se parece al extremo del mundo
donde se retiene la herida íntima del barro,
para no quitar a la noche
el verde boreal de las auroras que alivia la vertical,
la temblorosa espera del soldado,
para no caer en la estela de los perdidos
se agita el abatido perdón de los labios.
El dictado repentino de la espada
surgida en el filo de los espejos
entrega el secreto de la pluma
que ciñe de negro las palabras.
La primavera dirá que vienen
rezagados los besos,
que no vuelan pájaros desde mi pecho
ni gime el cielo en el confín
creciente del pensamiento
donde una fecha dolorida
se hace reflejo ajeno,
veneno latiendo como un corazón perdido,
transitando invisible, confuso, en el olvido.
Pero llegaré a tus alas desde fuera,
el mar nunca deja atrás la espuma,
ni aun a falta de ternura,
y la entrega, ligera, como una caricia tierna,
en la longitud encendida de la tierra.
Déjame llegar a la orilla
donde finges la verdadera pena,
donde el luto aplacado comprende
el profundo estado de las piedras.

Mi voz impura entregará tu nombre al viento
y, en el choque aéreo de las nubes,
mandará la luz romper el secreto
que habita en la memoria de la primavera.

Este sueño

I

Si yo te contara que en el sueño
extendido de esta noche
el miedo era un caracol
desestimado por el llanto.
Si supieras en qué puerto de octubre
esperan las luciérnagas
el desvencijado barco
de los mensajes sin perfume,
si atentamente pudieras escuchar
las palabras temblorosas de mi boca,
tendrías la seguridad de entender
la delicada herida
por la que mi frente aloja
la templanza que dice «te amo».
Porque allí donde estabas,
mientras dormías,
era el solitario espacio
que inicia en su movimiento la despedida,
y bebías el veneno retenido
por los minutos exteriores
que golpean la atmósfera
sacudida del alma,
y eras la mitad oscura que deja
sin color azul mi lástima,
la temida marca
en la que tú y yo volvemos a ser dos
que se dan la espalda por los pasillos
más estrechos del océano.

II

De repente no éramos
un río de la infancia,
ni el árbol caduco rogando
eternidad a la luz de mayo,
ni éramos el junco y el viento en danza
todavía con las manos lentas y apretadas,
un incendio del corazón sellando
cada mitad de las miradas.
De repente no éramos la lluvia asegurando
la derrota de la llama interminable,
ni el mar que ya no espera
los enlazados besos en la desembocadura,
ni era nuestro barco el pájaro ciego
que custodia los secretos,
amarrados al puerto del oído.
Al despertar, el rostro es la tristeza,
la longitud de palomas que no alcanzan la orilla
y quedan destituidas por el naufragio,
lejos de la tierra.
Pero una lámpara tímida acompaña los desechos,
los ojos miran entre los dedos
la secreta presencia de tu cuerpo.
Tu sonrisa arrastra hacia el abismo
al caballero oscuro de mi sueño
que ha traído sin destino
el ceñido temblor del miedo.
Estás, entonces, para sanarme,
tienes la forma de la luz
que extiende las primaveras
por las murallas aisladas de mi pecho
y devoro este instante cálido
con el asombro que me recupera del infierno.

LA DEBILIDAD DE LAS GUIRNALDAS

No pretendo rodear de humedad las llamas,
a pesar de los intentos los abrazos aumentan el fuego.
Parece, a veces, que la lumbre crepita alejada
de la velocidad alternativa de la sangre.
Los días aumentan la lista
de circunstancias con lamentos,
con heridas que ablandan
la maléfica intención de fugarse.
A veces suenan a graznidos las palabras,
el aliento imita sobre las rocas
gargantas sencillamente cansadas.
La misma voz que duerme entre las garras
ha dejado su timbre cálido recostado entre guirnaldas.

Si soplaras en mi boca el fuego prendería de nuevo,
fénix de corazón deshojado
espera el vocabulario de las plantas,
la fina caricia que se posa acumulada en el rostro.
Allí donde tocabas cuidadosamente
el manto que me cubre
ha llegado el invierno para someter
los hombros al descuido,
porque la costumbre de las olas
dirige los barcos al arrecife
y provoca irremediable
el naufragio mortal bajo los cielos.

Pero si concedieses el retroceso a las palabras
las manos darían a luz cierto temblor de conquista,
sonaría la caricia a presagio profundo
en otro tiempo establecido.

Qué carrusel de victorias encender otra vez el futuro,
llamar sin reservas,
amar con la debilidad de las cicatrices quebradas
que asumen el sacrificio de la memoria.

La calma avanza cuando toman su relieve las sombras.
Recuerda que todo es cuestión de palabras,
que un susurro de tu boca
teje guirnaldas en mi alma.

Los días quebrados

Cantando el largo linaje de la oscuridad
acabarán los días.
Este grito se aproxima a la madurez del sonido,
pero calla.
El vientre maduro repasa la longitud de los hielos
y hace frío en este espacio desvanecido de la alcoba.
Parece que se han improvisado los caminos,
que viene de lejos el tamaño insoportable del silencio
y que, en una medida justa,
el hueco del llanto se queda vacío.
Respirar no es tan necesario al lado de los espejos,
ni sube de las entrañas al aliento
que cede su niebla de seda
al borde fugaz de los reflejos.
Hay un ritmo callado,
un latido entre los números de los huesos
descifrando el auxilio necesario
para dar su color a la sangre,
porque resulta delicadamente conmovedor
comprobar que en el pecho quebrado
puede habitar la ternura.

Mejor no mirar por las ventanas.
En las aceras reposan su vuelo
las carnívoras nubes de las sombras
y el horizonte alcanza el desorden
con el resbaladizo color de los besos.

Así acabarán los días si los labios inmensos
ceden su grosor a la tormenta,
si se deprime el alma en los zapatos estrechos,
en las calles largas,
si la memoria se hunde en este conmovedor infierno
sostenido en el pasado de la reparadora
luz de las estaciones.

El viento acepta, en su brazo transparente,
el equipaje de las cicatrices
y toma el corazón su oficio de sastre
para llevar a un lado, en un bolsillo de alambre,
el ruido de las mariposas, el silencio de los labios
y la luz que se apaga en los días quebrados.

Y VENDRÁ LA LUZ

Y vendrá la luz con otro tiempo delgado, tembloroso,
y dejará pasar el viento bajo el tul de las cortinas.
Tu solitario llanto colmará el arroyo de mi pecho
y otra vez, de mi boca, se fugará la magia
que dicta el tatuaje simbólico de los cielos.

Este tiempo será terrestre, cercano a las estancias,
y crecerá sobrellevando la confusión de los labios
a los pasillos y a las terrazas.

Volverán a su espacio estrecho los abrazos
y en un soplo de intenciones los huesos
entregarán el secreto del llanto.

Otra vez el mar vendrá, traerá las olas
con su frente manchada de espuma
y mojará los pies que sostienen
el tamaño vertical de los ojos
cuando miramos a la luna.

Mi razón repondrá su estandarte
en el parpadeo que relejan tu rostro
y, a cierta distancia, será interminable la mirada.
La lluvia no pasará por tu almohada
para no herir la temperatura de las sábanas.

Unirse, otra vez, amor, es besar las cicatrices
en la tierra, en la magia, en las estrellas.
Saber invencible el extenso gozo
de volver a abrir los cuerpos sin herencia,
sólidos en los pasos y en el vuelo.

Repentinamente capaz de huir de las heridas
vendrá la luz descifrando
el espacio de las caricias.

MIRADA CLANDESTINA

Si pudieras verme,
si en esa condición de enamorada
cedieras el paño de tus ojos a la necesidad
cuidadosamente elevada de ser luz,
si supieras que soy yo quien mira
la bocanada de silencio que te hace tan bella,
romperías el sueño para compartir una mirada.
Pero no despiertes,
no sepas aún cómo te miro sin descanso,
ignora todavía cómo solicita
mi oración prolongar suavemente
la belleza delicada de tu espalda.
No despiertes,
permanece en la ignorancia de saber
que el silencio del mundo
consiente la estrecha respiración de la noche,
porque no me llega al pecho
el aire delgado del destello por el que soy preso,
inútil en el desvarío
de seguir leyéndote con la mirada.
Dulce niña,
te has quedado dormida en el leve reflejo
que lleva hacia el alba la tregua nocturna
mientras te pasa por el pelo el resplandor de la luna.
Duerme, duerme, se me han cerrado los libros,
tú permaneces abierta.
Si supieras que me has borrado
el significado de las palabras constantes
que poderosamente te multiplican,
si supieras que miro en ti esa porción cristalina
de las llanuras del universo

con un aleteo claro de locura,
te diría que tienes la lucidez
de la dicha evitando el fuego.
Pero derivan de ti los versos más bellos,
y protesta mi voz
y calla por la alegría que evaporas
en el equilibrio de los sueños
y renuncio estremecido a la ira
que cierra todas las miradas.

El tiempo sorprendido

Porque estamos extendidos en la suavidad
que nos ha dejado la noche,
ya hemos compartido el contenido de las horas cerradas
y hemos dejado sin abrigo el pulso de las manos
cuando llegan más allá de la cintura,
porque sabemos que levitan
acumulando escalofríos en el sostenido
acontecimiento de encontrar
vencida nuestra espalda,
porque ya somos carne derribada
acumulando la velocidad del deseo,
un instante de océano
fundiendo espuma con arena.
Porque el brillo de nuestros dientes
abre paso a las auroras
y recupera la enmarañada guirnalda de besos,
porque sonrío alimentando
la improvisación de tu belleza
mientras damos a esta alegría
la temperatura dormida de los pétalos,
sabrás que ha pasado la noche
y nadie se llevó nuestro tiempo.
La ligera luz sostiene sin protesta
este tentador arrecife que somos,
este rumor eterno que desprecia
la atmósfera contenida en el reloj.
La penumbra levemente enfrentada a la luz externa
hace de esta habitación el caparazón del universo.
Tú eres la luz, asediada estrella,
yo la sangre que preside este planeta.

En la órbita cercana posees
la belleza de estar encendida
y contemplo ese racimo de lágrimas
que derramas sobre el fuego.
Delirando, la mañana corre
empujada por las campanas,
pero el instante que nos da la luz no tiene castigo,
no silencia el susurro de los pájaros
que picotean arcilla del cielo en las aceras.
Hoy nadie sabrá que estamos vivos y despreciamos
la longitud sorprendida de las nubes
porque estamos dividiéndonos el pecho
para alcanzar la virtud radiante de los corazones.

LLEGAS A MÍ

Soy preso de la luz que te toca
cuando vas por las aceras,
podría engañarte y tener la voz tan fugaz
como la fortuna de las mentiras,
pero mi alma tiene el color verde de la infancia
y se hace inmensa volando detrás de tu sombra.
Quiero decirte que mi casa
se llena de todas las palabras
cuando cruzas la puerta
y me nombras con dulzura
y me obligas a fijar las miradas
en esa gracia tuya
que bendice el recorrido de las lágrimas.
Tú lo sabes, amor, soy combatiente
por la proximidad que abre las heridas
y no sangro, no pronuncio lamentos,
no alcanzo a traicionar
los besos que resucitan
el ánimo de los soldados,
porque tengo el alma esclava
anidando en tu espuma
y llevo la altura de amarte encadenada
al esperado deseo de las cicatrices.
Llegas a mí con la dulce condición
de remover el transitado pecho de rincones
que reclaman la virtud recíproca del deseo.

Era

Era niño con la respiración acumulada,
era humo desquiciado
desabrochando tu pecho.
Era palabras que tiemblan
por debajo de las pupilas,
era lamento de rosal
enfurecido contra el viento.
Era boca del mar
asustado de las estaciones,
pero hay acontecimientos
que sacrifican la dulzura
y amarte es entender
las espinas de los rosales.
El cielo no deja su azul
sobre el manto de las hojas,
no desciende la luna
para tumbarse en las olas,
ni esconde el corrompido
grito de estar a solas
esta orilla donde la espuma
deshace tu vestido.
Y ese instante, el de saber tu cuerpo,
se hace niebla.
Mi alma espera bajo los árboles
acogerse a tu sombra,
como el otoño se extiende
sobre los barcos amarrados a puerto
cuando acumula noviembre
fragmentos diamantinos del rocío.

Y vuelvo a esa estancia cálida
que descifra las caricias
y mi mano no se contenta
con llegar para evitarte el frío.
Mi latido implora,
cristaliza el espacio estrecho
donde germina la brevedad de un beso,
se lamenta nervioso como un crío
en la corta edad del inicio,
y quiere golpearme las costillas
para encontrarse crecido en el reflejo de tus ojos.
para quebrar el tiempo y retenerte completa,
y contemplar cómo te cubre,
tan desnuda, la belleza.

SI ME ENCUENTRAS ASUSTADO

Si me encuentras asustado,
desterrado de la belleza
estable que me supones,
si derramo consuelo
en el engalanado tiempo del regreso,
no es porque me queda un niño dentro
que extiende nervioso sus pesares
en rabietas derramadas por el suelo,
es porque, no estando tú
en los márgenes del espacio que ocupas,
se me va el tiempo por los dedos
y escucho ahuecada la cadencia
de mi pecho rendirse en el miedo.
Me llega en el silencio que dejas
el acento del olvido
y sé que alumbras los exteriores
benditos que te admiran,
que posees la estructura virginal del viento,
que toma tu cuerpo la forma de las ondas,
que en algún rincón te espera Dios
para mirarte, complacido,
y recibir a bocanadas
la magnitud de su acierto contigo.
No me basta saber que compartir es multiplicar tu hermosura.
No estás en este instante,
en este ahora que te busca,
y se esconde el corazón
en lo profundo de los huesos
y me palpita, para mantenerme vivo,
la ciencia de la angustia.

Tiemblo como ese viento que eres
en la cabecera de las estaciones,
pero mantengo el encargo de creer en la primavera
como algo eterno que precisa
el extraño ejercicio de la fe.

No poseo otro anhelo. Perder este miedo
disfrazado de cosmética tranquila
sería reconocer tu regreso
y pongo el exceso del credo en tu extraña disciplina
de volver resucitada, distraída.
La mentira esbelta de mi boca
debilita el oleaje de las palabras
y, en la penumbra de esta debilidad tan mía, giro
para multiplicar los instantes de ti que recogen los espejos,
pero esta forma de tenerte en paréntesis de ausencias
es tenerte disfrazada en el frío.

TE APRENDO

Asomas a la luz para que aprenda a mirarte,
para saberte multiplicada en los pequeños detalles,
aunque también las sombras te hacen tan bella
que pueden aprenderte mis dedos
en el recorrido de su yema
y te entregas tan llena
que asusta tocarte,
asusta mirar
y perder un instante
en el hecho involuntario de juntarse los párpados.
Te asomas a la luz y te preceden los labios
y los juntamos para obtener el trofeo del beso,
para perder en el tránsito sencillo de las palabras
el miedo a pronunciar todo lo que me entregas,
todo lo que te aprendo.

Te aprendo en el contenido inmaterial de la mirada,
en la temperatura de la piel que enamora mis manos,
en ese tiempo que la luz retiene mi embeleso
al lado de tu brillo, entre tu belleza y mi locura.

Tristeza

Perdóname, amor,
hoy siento el día como una piedra
que me tira del pecho,
tengo deshecha la edad de los niños
y sin amparo la deshabitada claridad de la entrega.
Para evitar que tropiecen mis ojos
en el engaño de los cristales
me alejo de los balcones,
tan desnudo de mí sin las sílabas del fuego.
Me tiembla sobre la frente el disfraz del sueño
negando al alma la virtud de imitar al aire.
Esta herida oscura,
que aumenta las distancias sin aliento,
se apresura,
me aleja del brillo perfecto de tu sombra,
me contrae, me desmenuza,
me hace tan pequeño.
No queda en mi boca ritual de palabras amistosas
para sangrar extenso en la risa
porque he acumulado el gris de todas las nubes
y entiendo que el silencio detiene el retroceso
de los cuerpos tristes, de los labios sin beso.

Qué abismo insoportable la luz grisácea del tiempo.

Si pudieras tocarme con el límite de los dedos
se rompería el círculo engendrado en la tristeza.
Yo era la calma, ¿recuerdas?,
tú eres la fuerza,
y en el centro de los abrazos,
sagrada luz, pura la entrega,

me rompes el callado grito
con los fonemas que renuevan la eterna ofrenda
para habitar el tiempo que nos da la luz.

Obstínate, amor, en abrir las ventanas,
levántame los ojos hasta remediar el desamparo
porque no hay mayor blancura que disponer de ti
para encender cada día las auroras, las miradas.

LOS ABRAZOS

Que no falten los abrazos
que nos damos sin esfuerzo
ni aquellos que rompen
los muros del duelo,
porque también en los amores
hay momentos para el llanto.
Cantemos para quebrar
la distancia de los cuerpos
evitando los deseos disfrazados en destellos,
hagamos que duren los besos
engastados en los labios
porque la luz de una mirada se derrama
en la forma de estar presente
y una caricia se hace más cálida
extendida en la condición paciente del tiempo.
Que el sonido de las palabras
desnude el tatuado pecho
y torne la dureza del alma en lágrima,
porque somos una mañana en su mediodía,
una tarde replegándose en la noche.
Que nadie limite el instante
donde caben el brillo y la osadía
cuando pasa nuestra mano por la piel erizada
en busca de las ondas cálidas
que esconde la caprichosa luz.
Cada instante recordará que somos medidos
en la temperatura de la entrega
y temblamos como niños en la voz del sigilo
con la que a ti me doy, con la que eres mía,
como dos latidos que interpretan
la música clandestina de mundo.

TARDE DE LLUVIA

El agua de la lluvia corre por las ventanas,
hay en la calle un silencio de plata
y nubes bajas,
ceniza es un color que empuja taciturno
el tiempo de la tarde,
en las hojas el árbol más cercano
contiene lágrimas de primavera
y el viento lo desnuda,
le acaricia el alma,
lo hace más invierno,
le promueve la danza que abandona
su llanto por las aceras,
rinde su altura, extrae su lamento.
Mis ojos son pequeños para mirar esta belleza
y en mi pecho la reclamo para tenerte,
hacerte presente, constante, dulce, real,
y vienes desde un reflejo del cristal
para invadirme la espalda,
para ser dos y una sombra
y mirar en silencio
cómo se derrama la vida,
cómo se hace tan cálida
el agua de las calles
extendida en los abrazos.
Y así, conmovida,
pongo en tus ojos la envidiosa lluvia,
y en la mirada furtiva suponemos
los pájaros callados
también abrazados bajo las alas
al otro lado de los cristales.

Locura

¿Locura?

Vivir en la longitud de un beso,
alejarme de los labios
y desconocer el tiempo preciso
para volver a tu boca.

VEN

Ven larga como la pluma,
temblorosa como la aurora,
que llegue tu dicha por las esquinas,
por las fuentes, bajo las sábanas,
a esta hora incompleta,
en este mar incauto que imita tu cuerpo.
Que tengan de ti más primavera
las macetas, las cortinas, los espejos,
mayor enjambre de fondo
las raíces, los jardines, nuestros huesos.
Que defienda cada sombra el insoportable deseo
de multiplicar la intensa parábola de tu risa,
¡ay, tu risa!,
que el transcurso de un momento proponga
la solitaria intención de los besos
cuando sean los labios entregados,
cuando quede vencido el silencio
en la suavidad de las manos.

ESPERANZA

La esperanza es esto,
una espera larga,
un prometido cuerpo,
un temblor del pecho
que desconoce
el camino de regreso
por el que llega luminosa
la explanada de tu espalda,
un alimentarse los adentros
con el relieve cambiante
de los abrazos.

Tu presencia

Maravilla generosa tu presencia
anticipada por el aroma
que colma de locura mi olfato,
anunciada en la leve cantinela
que dibuja tu sonrisa
en la comisura de la boca,
donde puedes retener un latido
deshojando las conchas de los océanos.
La soledad temporal
con la que has maltratado mi tiempo
cede los espacios a la primavera
constante de tu regreso.
En este momento
soy la locura y me contengo,
la cordura y me pierdo.
Soy la verdad del otoño con su destello,
fulgor en el vestido deshojado en el suelo.
En la llanura de tu rostro
ha terminado el llanto
como una oración suicida,
porque has tenido vencido el cuello
en el temeroso depósito de mi pecho.

ESTE INSTANTE

Enemigas las ventanas,
quebrada la luz, ácido cristal,
hermética la ropa que abre
la herida del tiempo inútil,
enemiga la sombra de la mañana
que acaba de vencer a la noche,
fugaces los ojos que derraman
sangre innecesaria en las miradas.
Los dedos encogidos,
las manos blancas ateridas por el frío,
las sábanas aventadas con la templanza
de cuerpos dispersos en las auroras,
las arrugas de la tela dividiendo
el imperio del significado lento
de estar y ser en las palabras antiguas
que aún habilitan el mundo.

La madrugada humilla
la oscuridad de las cortinas.
No tengo más esperanza que mirarte,
mi pecho tiembla
en la pobreza diminuta de lo bello
y asume que no corresponde
alzar el vuelo de los besos
para no quebrarte el sueño.
Llega la luz y aún duermes.
Este es el instante
de estar mirándote
en silencio.

El inicio de los días

Me preguntas cuándo empiezan los días
recién salida del sueño
y te sonríe el alma
asomada a la línea tímida de la almohada.
Cuándo comienzan los días
para dar el primer beso,
para dejar en danza
sobre la piel los dedos.
Cuándo empiezan los días,
cuándo llega la claridad
que nos regala su tiempo.

Duerme, amor,
aún está oscuro el cielo,
aún no se percibe la pausa de los retratos,
falta color en tu vestido
y el brillo que reflejan los espejos.
Sobre tu sueño espero
el inicio de la luz
y muero por ver
en tus ojos, azulado, el universo.

Cuándo llegan de la mano
tu belleza y la aurora.
Enseguida, amor,
cuando abras la mirada con dulzor.

ORACIÓN

Ruego por el tímido destello en la oscuridad,
donde habita el volumen de la espera.

Ruego por la ropa tendida
que espera en el alba ceñir tu cuerpo.

Ruego por el aroma extendido
que atraviesa la esencia de tu pecho.

Ruego por la primera mirada
que trae en sus alas el primer beso.

Ruego por el primer beso
vivo en la temperatura de los labios.

Ruego por los labios que liberan la primera palabra,
amor en tu boca, amada en la mía.

Ruego por la piel que retiene la longitud de los dedos
en el vuelo preciso de la caricia.

Ruego por la ventana que frena la luz de los días
que vienen a quebrar los abrazos en calma.

Ruego pausar el tiempo
para no quebrar este fuego.

Pero el tiempo continúa sin fisura
y somos el caprichoso juguete del viento.

ÍNDICE